For all the children who suffer Nonketotic Hyperglycinemia
with strength and grace I can only admire.
We're fighting for a cure, hold tight little ones x

Ijoollee dhukuba Nonketotic hyperglycinemian rakkataniif ciminaafi ulfinaan yaadnaa.
Qoricha isaa argachuuf lolaa dhama'aa jirra, walin hidhata godhachuudhaani. x

Written + illustrated by Elly Gedye
Translated by Ydidya Mulugetta Demissiej
www.booksForWednesdays.com

Copyright © 2017 M Gedye
All rights reserved.

ISBN-13: 978-1-915064-16-5

# eva the adventurer
# evaan namaa jabataa cimaa dha

by Elly Gedye, who hopes kids continue to adventure, even when they're grown up.

Elly Gedyeedhaan, ijoolleedhaaf akka isaan jabinaan itti fufan kan Abdi ta'uuf, erga isaan gudatanillee.

This is Eva.
Eva likes to go on adventures.

Kun evaa dha.
Evaan gara advencharitti deemu jaallatti.

Some days Eva is an astronaut flying to the moon.

Gaaf tokko evaan astronomara taatee gara urjiitti deemtii.

Some days Eva is a mountain climber climbing ginormous mountains.

Gaaf tokko evaan gaara ba'aa taatee gaara ginoormasaa baatii.

Some days Eva is a pilot flying loop-de-loops.

Gaaf tokko evaan xiyyaara oftuu taatee loopii looppiitti balalsitii.

Some days Eva is a conductor leading amazing orchestras.

Gaaf tokkko evaan conductara ochestara aja'ibsisaa hoganu ta'a.

Some days Eva is an engineer building fancy bridges.

Gaaf tokko evaan enginara riqicha ijaaru ta'a.

Some days Eva is a singer singing opera songs.

Gaaf tokko evaan sirbaa operas sirbu ta'a.

Some days Eva is a train driver driving fast trains.

Gaaf tokko evaan oofaa tireena kan saffisaan oofuu ta'a.

Some days Eva is a scientist curing rare diseases.

Gaaf tokko evaan qorataa saayinsii kan dhukkuba badaa fayyisuu ta'a.

Some days, after being an astronaut,
a mountain climber, a pilot,
a conductor, an engineer, a singer,
a train driver and a scientist...

Gaaf tokko, erga astroonomara,
gaara ba'aa, oofaa xiyyaaraa, condactaraa,
injinaraa, sirbaa, oofaa tireenaa fi
qorataa saayinsii ta'ee booda...

Eva is ready for bed.

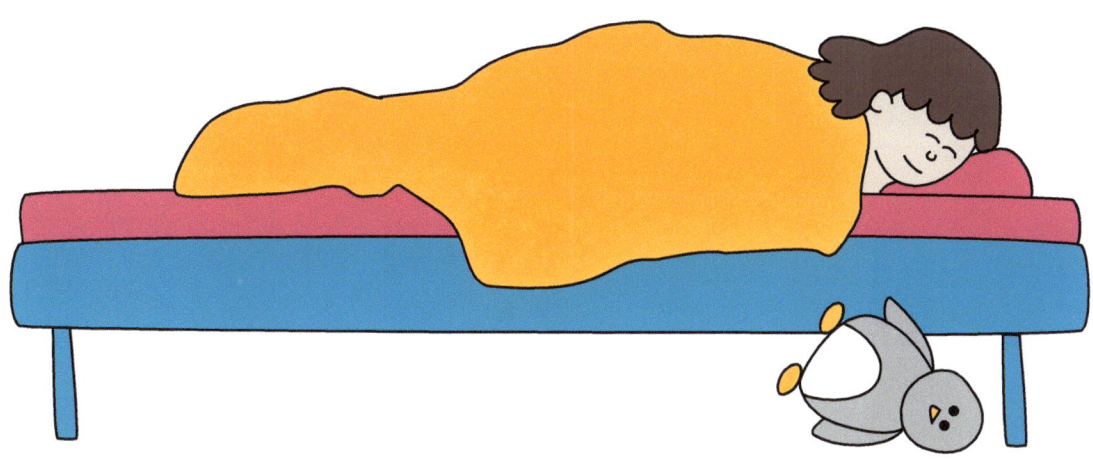

Evaan irriba isaaf qopha'adha.

the end.

xumurame.

This book supports Team Mikaere and Joseph's Goal - a charity for children with Nonketotic Hyperglycinemia (NKH). A rare and terminal metabolic disorder.
Thank you for helping fund a cure for our children.

Kitaabni kun kan gargaaru garde mikaere fi yooseef goolii-gumii ijoollee si'aayina hin qabne.rakkina sammuu kan qabaniifii.
Waan gargaarsa ijoollee keenyaaf gargaaraa taataniif galatomaa.

www.teammikaere.com
www.josephsgoal.org

This book is bilingual - sharing the love of languages and learning. Woop!
Thank you to all the volunteer translators - we couldn't have done this without you.

For other languages, please visit:
www.booksForWednesdays.com

www.ingramcontent.com/pod-product-compliance
Lightning Source LLC
Chambersburg PA
CBHW050758110526
44588CB00002B/49